AF357706

OBJETS D'ART

ET DE

CURIOSITÉ

PROVENANT DE LA COLLECTION

D'UN

Amateur Étranger [Stockraoly]

EXPOSITION PUBLIQUE

Le Dimanche 6 Décembre 1868, de 1 heure à 5 heures

Me CHARLES PILLET	M. BLOCHE
COMMISSAIRE-PRISEUR	EXPERT

PARIS — 1868

RENOU ET MAULDE

IMPRIMEURS DE LA COMPAGNIE DES COMMISSAIRES-PRISEURS

Rue de Rivoli, 144.

CATALOGUE

DES

OBJETS D'ART

ET DE

CURIOSITÉ

Émaux de Limoges, Orfévrerie, Miniatures, Porcelaines de la Chine
et du Japon, Bronzes anciens et Bois sculptés

OBJETS DIVERS

LE TOUT PROVENANT DE LA COLLECTION

D'UN

Amateur Étranger

HOTEL DROUOT, SALLE N° 5

Le Lundi 7 Décembre 1868

A DEUX HEURES

Par le ministère de M* **CHARLES PILLET,** Commissaire-Priseur,
rue de la Grange-Batelière, 10,

Assisté de **M. BLOCHE,** Expert, passage de l'Opéra, 16,

Chez lesquels se trouve ce Catalogue

EXPOSITION PUBLIQUE

Le Dimanche 6 Décembre 1868, de 1 heure à 5 heures

PARIS

RENOU & MAULDE

IMPRIMEURS DE LA COMPAGNIE DES COMMISSAIRES-PRISEURS
Rue de Rivoli, 144

1868

CONDITIONS DE LA VENTE

Elle sera faite au comptant.

Les Acquéreurs paieront CINQ POUR CENT en sus du prix d'adjudication.

DÉSIGNATION

ÉMAUX DE LIMOGES

1 — Très-belle Coupe en émail de Limoges, élevée
sur pied. Au centre de la coupe est un sujet allégorique de l'antiquité, composé de nombreux
personnages en grisaille sur fond brun; plusieurs
ornementations en or forment l'encadrement.
Elle est signée de PIERRE RAYMOND; le monogramme du maître est sur le couronnement du
sujet principal, *P. R.*, et la date *1538* dans le
soubassement de la coupe ornée d'Amours en gri_
saille. Le pied est orné de chimères, de dauphins
et de cariatides.

2 — Très-belle plaque, de forme ovale, en émail de
Limoges. Le centre est orné d'un sujet tiré de
l'Histoire sainte, décor vif et varié. L'encadrement, également en émail, en relief, est formé
par des enroulements en grisaille et or. Au re-
vers de la plaque se trouve la signature du
peintre et l'inscription suivante :

Laudin, au faubourgs de Manigue à Limoges, et au
dessous, le monogramme du maître : *J. L.*

3 — Jolie Plaque en émail de Limoges, de forme carrée.
Le sujet représente Judith dans la tente d'Olo-
pherne, plongeant la tête du général dans un sac
que lui présente sa compagne. Au fond on aper-

çoit le camp des Philistins, et au couronnement
de la plaque, sur un fond blanc, on lit l'inscription suivante : AB-OLEPHERNE-IVDVC. CAPUT-SVIDIT.

Cette plaque est dans un charmant cadre en
bois sculpté du xvi⁰ siècle.

ORFÉVRERIE

4 — Grande et belle Soupière avec plateau de l'époque
Louis XVI. Elle est ornée de guirlandes de fleurs
et de fruits; les anses sont formées par des branches d'arbre; un artichaut sert de prise au couvercle. Le plateau est orné d'un encadrement
finement ciselé et gravé. Poids : 6,183 gram.

5 — Une paire de belles Girandoles, modèle contourné
à deux branches, de l'époque de Louis XV.
Poids : 1,510 grammes.

6 — Une paire de Vases, riche ornementation, travail au
répoussé de l'époque Louis XIV.

7 — Une paire de beaux Flambeaux en argent, modèle
à filets creux, contournés formant éventail dans
la base, de l'époque de Louis XIV.

8 — Deux Couteaux et deux cuillers en argent, travail
très-fin du xvi⁰ siècle.

— Une Poire à poudre, finement gravée, travail du
xvi⁰ siècle.

OBJETS DE LA CHINE ET DU JAPON

10 — Très-beau Service à thé en porcelaine de Chine, coquille d'œuf de la plus belle qualité, décor écailles de poissons, à médaillons ornés d'écussons en or et de bordures à enroulements également en or. Il se compose de : dix tasses et leur soucoupe; un grand plateau, deux petits; un bol, une théière, un pot à crème et une boîte à thé.

11 — Une grande Chimère en porcelaine émaillée bleu turquoise et or, montée sur un socle en bois noir garni de bronze doré.

12 — Belle Fontaine en porcelaine du Japon, élevée sur trois pieds, décor mandarins et ornementation variée et en relief, montée en argent.

13 — Beau Lavabo et son bassin, de forme coquille, en porcelaine du Japon, décor bleu et blanc.

14 — Un joli Vase en émail cloisonné bleu turquoise, à filets d'or.

15 — Bel Écran en ivoire, très-finement sculpté, orné de mandarins richement décorés, monté en argent.

16 — Deux Oiseaux, décor vif, en porcelaine de Chine.

17 — Un Flambeau, sous forme d'arbre, en porcelaine de céladon, décor fond bleu, feuillages et fruits en relief.

18 — Un vase en même porcelaine, décor bleu turquoise.

19 — Un autre en même porcelaine, même décor, orné de feuillages découpés à jour.

20 — Deux Plats de la famille verte, à contours et bossages au milieu.

21 — Deux Plats en porcelaine de Chine, très-vifs d'émail.

22 — Une Bouteille, famille verte, décor mandarins.

23 — Deux Bouteilles en porcelaine décorée.

24 — Deux jolis Vases en porcelaine de Chine, forme appliques, décor fond rouge et or, à médaillons mandarins.

25 — Deux Mandarins en blanc de Chine.

26 — Un Magot en porcelaine, riche costume.

27 — Deux Bols décor jaune impérial et gravé, à médaillons.

28 — Deux Bouteilles en porcelaine de Chine.

29 — Deux Tasses en porcelaine, à double fond, décor bleu et découpé à jour.

OBJETS DE VITRINE

30 — Très-joli Reliquaire en cristal de roche du xvie siècle. A l'intérieur, d'un côté, la Vierge et l'Enfant Jésus en or émaillé, de l'autre, le Christ.

31 — Joli Groupe en bois sculpté du xvie siècle : Saint Joseph et l'Enfant Jésus. Les ornements du costume sont en émeraudes; le groupe est élevé sur un pied en lapis, à dentelure en argent et posé dans une niche en cristal de roche gravé.

32 — Belle Miniature par Hall : Portrait de Dame de
l'époque Louis XVI, dans un cadre en or.

33 — Autre Miniature, par Fragonard : Portrait de jeune
fille, costume négligé; un simple ruban retient
ses cheveux.

Cadre en bronze doré.

34 — Tabatière en or émaillé, fond gros bleu ; au centre,
sujet allégorique de l'Astronomie et de la Mu-
sique. Travail Louis XVI.

35 — Autre en or émaillé, forme octogone, fond blanc,
quadrillé brun, bordures bleuets, avec chaînettes
or. Le couvercle est orné d'un sujet; le dessous,
d'un autre émaillé en plein, représentant une
Chasse.

36 — Autre en écaille, montée en or, de l'époque de
Louis XVI. Le centre du couvercle est orné d'un
émail, sujet.

37 — Autre très-jolie, en or, époque Louis XIV : sujet
pastoral repoussé et gravé; dans le fond du
couvercle est une charmante miniature : Portrait
de femme Louis XV.

38 — Autre en porcelaine de Saxe : sujets pastoraux.

39 — Autre en porcelaine de Saxe, décor fond gros bleu,
orné de quatre médaillons de fleurs.

40 — Autre en caillou d'Égypte, forme Louis XV; monture en or, de la même époque.

41 — Autre en agate, forme haute; monture en ver-
meil.

42 — Deux Miniatures : sujets représentant des Bai-
gneuses, par *Duteren*.

43 — Un Flacon en ivoire : Femme adossée contre une
hotte remplie de fleurs et de fruits,

44 — Deux Chimères en porcelaine de céladon émaillée
bleu turquoise.

45 — Un Vase en jade blanc avec couvercle, orné de deux
anses prises dans la masse.

46 — Un Pied en jade vert, finement gravé et découpé à
jour.

46 *bis* — Très-jolie Boîte en laque de Chine.

BOIS SCULPTÉS

47 — Très-belle Statue du XVIe siècle, représentant
Niobé.

    Sculpture d'une finesse remarquable.

48 — Groupe en bois de buis, composé de trois figures al-
légoriques, élevé sur un socle en bois noir
sculpté.

49 — Portrait d'Homme en bas-relief, sculpté sur buis en-
cadré.

50 — Trois petits Bas-Reliefs en bois sculpté du XVIe siècle : Sujets de chasse. Travail très-fin.

BRONZES

51 — Coupe en bronze ancien de la Chine reposant sur trois pieds formés par des dragons.

52 — Très-beaux Chenets, modèle vase, ornés de guirlandes ; au soubassement, portraits d'Henri IV et Louis XIII.

53 — Divinité indienne : Femme assise à l'instar des Orientaux.

54 — Petite Horloge en bronze doré, formée par un groupe de deux figures : Adam et Ève dans le Paradis, à l'ombre d'un arbre.

55 — Pendule en bronze Louis XVI, couronnée par une femme en état d'ivresse.

56 — Deux Statuettes en bronze ancien sur colonnettes en lapis, par Camberwotz.

57 — Une paire de Flambeaux en bronze Louis XIV.

58 — Une paire de Bras à deux lumières, en bronze doré Louis XVI.

59 — Une autre paire en bronze doré, même style.

60 — Une paire de Chenets Louis XVI.

OBJETS DIVERS

61 — Magnifique Reliquaire en corail. Au centre, la Vierge et l'Enfant Jésus sculptés ; monture émaillée du XVIe siècle.

62 — Deux beaux Reliquaires en cire peinte du xvie siècle. Au centre de l'un, sainte Anne; de l'autre,
sainte Marie, encadrée de reliques. Magnifiques
cadres en ébène, ornés de bronzes très-fins.

63 — Groupe en terre cuite : un Satyre enivré.

64 — Une Broderie en soie représentant la Vierge.

65 — Un Pot en grès de Munich.

66 — Serrure Louis XIII et sa clef, finement ciselées.

67 — Éperon en fer damasquiné d'argent, du xvie siècle.

68 — Une grande Plaque en porcelaine; sujet allégorique
de la Mythologie : Mars et Vénus entourés d'A-
mours. Au fond, Diane chasseresse.

69 — Un Dessin par Decamps : Vieille Femme des envi-
rons d'Antibes.

70 — Autre par Meissonier, représentant une armure.

71 — Une Cotte de mailles, un Casque et deux Brassards
en acier.

72 — Un Bas-Relief en marbre : Vénus et Priape.

73 — Deux Brûle-parfums en porcelaine de Sèvres, pâte
tendre; décor bleu turquoise à médaillons de
fleurs, monture en bronze doré.

74 — Une Carabine à rouet, incrustations de nacre.

75 — Un Sabre turc.

76 — Sous ce numéro, les Objets omis au Catalogue.

Renou et Maulde, imprimeurs de la Compagnie des Commissaires-Priseurs,
rue de Rivoli, 144.   19435